Sommario

Capitolo 1:

Introduzione all'Intelligenza Artificiale (IA)
generativa

1.1 Cos'è l'IA generativa?

L'intelligenza artificiale generativa, o IA generativa, è un campo dell'intelligenza artificiale che si concentra sulla creazione di nuovi dati o contenuti. È un po' come un artista digitale: anziché dipingere con pennelli e colori, usa algoritmi e dati.

Per capire l'IA generativa, è utile fare un confronto con un altro tipo comune di intelligenza artificiale, quella discriminativa. Mentre l'IA discriminativa si concentra su come classificare e distinguere tra diversi tipi di dati (ad esempio, capire se una foto mostra un gatto o un cane), l'IA generativa cerca di fare il contrario. Invece di classificare i dati, l'IA generativa li utilizza come base per creare nuovi dati. Questi dati generati possono essere di vari tipi, come immagini, musica, testi, ecc.

Ad esempio, potremmo addestrare un modello di IA generativa utilizzando un grande insieme di immagini di volti umani. Dopo l'addestramento, il modello sarebbe in grado di generare immagini di volti umani completamente nuovi, che non sono copie di volti esistenti, ma sono piuttosto combinazioni e variazioni uniche basate su ciò che il modello ha "imparato" dall'insieme di dati di addestramento.

In pratica, l'IA generativa può essere vista come un processo in due fasi. Prima, il modello "apprende" dalle caratteristiche dei dati di addestramento. Questo può includere, ad esempio, le forme e i colori comuni nei volti umani. Successivamente, utilizza queste caratteristiche apprese per generare nuovi dati che rispecchiano quelli di addestramento, ma sono unici nei loro dettagli specifici.

Quindi, l'IA generativa rappresenta un importante passo avanti nella capacità delle macchine di replicare e anche di superare alcune delle capacità creative degli esseri umani. Tuttavia, come vedremo in seguito, l'uso di queste tecnologie solleva anche importanti questioni etiche e di responsabilità.

1.2 Breve storia dell'IA generativa

L'intelligenza artificiale generativa, come la maggior parte delle tecnologie di punta di oggi, ha una storia ricca e affascinante che si estende per diverse decadi. La sua storia inizia con le fondamenta stesse dell'intelligenza artificiale (IA), che risalgono al XX secolo.

Gli anni '50 e '60 furono testimoni dei primi esperimenti con l'IA. In questo periodo, i ricercatori si concentrarono prevalentemente sui problemi di apprendimento automatico, cercando di sviluppare algoritmi e modelli in grado di migliorare le proprie prestazioni nel tempo sulla base dell'esperienza acquisita. Questo fu l'inizio delle reti neurali, che, sebbene semplici rispetto ai moderni standard, gettarono le basi per la ricerca futura in questo campo.

Negli anni '80 e '90, l'IA generativa cominciò a prendere forma con l'avvento di nuove tecniche e strumenti. Si vide l'arrivo dei primi algoritmi genetici e delle reti neurali artificiali avanzate. Questi metodi hanno aperto la strada a tecniche più sofisticate per la generazione di contenuti. Tuttavia, nonostante questi progressi, l'IA generativa era ancora in gran parte limitata da fattori come la mancanza di dati di addestramento e la potenza di calcolo relativamente limitata dei computer dell'epoca.

Il vero cambiamento è arrivato nel XXI secolo, con l'esplosione dei big data e l'aumento esponenziale della potenza di calcolo. Questi sviluppi hanno permesso all'IA generativa di mostrare il suo vero potenziale.

Un momento di svolta nella storia dell'IA generativa è stato l'invenzione delle reti generative avversariali (GAN), introdotte nel 2014 da Ian Goodfellow e i suoi colleghi. Queste reti si basano su un concetto di "competizione" tra due reti neurali. Una rete, chiamata "generatore", cerca di creare dati che assomiglino il più possibile ai dati reali, mentre l'altra rete, chiamata "discriminatore", cerca di distinguere i dati generati da quelli reali. Questo meccanismo di retroazione ha portato a risultati impressionanti, specialmente nella generazione di immagini, musica e altri tipi di contenuti.

Successivamente, l'ascesa dei trasformatori nei modelli di linguaggio ha rappresentato un altro salto in avanti significativo. Modelli come GPT (Generative Pre-training Transformer), sviluppati da OpenAI, sono in grado di generare testi che suonano sorprendentemente realistici e fluidi, aprendo la strada a numerose applicazioni di IA generativa nella lingua naturale.

Nel corso degli anni, l'IA generativa è stata applicata a una gamma sempre più ampia di contesti. Questo spazia dalla creazione di opere d'arte, alla composizione musicale, alla generazione di dati per formazione e simulazione e molto altro. Ogni giorno emergono nuove applicazioni, alimentate da innovazioni tecnologiche continue e dall'ingegno dei ricercatori e dei professionisti in questo campo.

Nel complesso, mentre l'IA generativa ha già compiuto un lungo cammino, il suo viaggio è appena iniziato. Con l'avanzamento tecnologico che continua a un ritmo senza precedenti, il futuro dell'IA generativa sembra essere non solo promettente, ma anche pieno di potenziali ancora inesplorati.

1.3 Applicazioni dell'IA generativa nella vita quotidiana

L'Intelligenza Artificiale generativa, nonostante possa sembrare un concetto complesso e distante, ha in realtà un impatto molto diretto sulla nostra vita quotidiana. Troviamo applicazioni dell'IA generativa in un'ampia varietà di settori, spaziando dall'arte e design, alla musica, alla scrittura e oltre.

Nel campo dell'arte e del design, ad esempio, l'IA generativa sta trasformando il modo in cui creiamo e interagiamo con le opere d'arte. Gli artisti stanno sperimentando con l'IA per generare nuove opere che sfidano le nostre percezioni tradizionali dell'arte. Sono nate opere d'arte digitali che evolvono nel tempo o che rispondono all'osservatore in tempo reale, grazie all'uso di algoritmi generativi. Allo stesso modo, i designer stanno utilizzando l'IA generativa per creare nuovi tipi di design di prodotti, grafica, animazioni e molto altro.

Nel campo della musica, l'IA generativa è stata utilizzata per creare nuove composizioni o per assistere i compositori nel loro processo creativo.

Da modelli di IA che possono generare brani interi in stili diversi, a strumenti che possono produrre accompagnamenti musicali basati su una melodia di input, le possibilità sono innumerevoli.

La scrittura è un altro settore in cui l'IA generativa sta avendo un impatto significativo. I modelli di linguaggio basati su IA possono generare storie, articoli, poesie e molto altro. Questi strumenti possono essere utilizzati per una serie di scopi, che vanno dalla generazione di contenuti per siti web o blog, alla creazione di dialoghi per videogiochi o film, alla scrittura di libri.

Oltre a questi ambiti, l'IA generativa sta trovando applicazioni anche in settori come la simulazione e la formazione, dove può generare dati realistici per l'addestramento di altri modelli di IA, o creare scenari virtuali per la formazione in realtà virtuale. È utilizzata anche nel campo della moda, per creare nuovi design di abbigliamento, o nell'industria automobilistica, per generare design di nuovi veicoli.

Inoltre, l'IA generativa gioca un ruolo importante nell'ampliamento della nostra comprensione della scienza e della ricerca. Ad esempio, può essere utilizzata per simulare processi naturali o sistemi complessi, contribuendo a nuove scoperte scientifiche.

Infine, forse una delle applicazioni più interessanti dell'IA generativa è la sua capacità di creare nuovi mondi virtuali per videogiochi o esperienze di realtà virtuale. Grazie all'IA, possiamo esplorare universi digitali generati in modo dinamico e in continuo cambiamento.

Questi sono solo alcuni esempi di come l'IA generativa si sta infiltrando nelle nostre vite. E con la continua evoluzione e innovazione in questo campo, si può solo immaginare quali nuove applicazioni emergeranno nel prossimo futuro.

Capitolo 2:

Fondamenti dell'IA generativa

2.1 Introduzione ai sistemi di apprendimento automatico

L'apprendimento automatico, o machine learning, è un ramo dell'intelligenza artificiale che si occupa dello sviluppo di algoritmi e modelli che permettono ai computer di apprendere dai dati. È una disciplina affascinante e fondamentale per comprendere l'IA generativa.

Apprendimento Supervisionato

Il primo tipo di apprendimento automatico che esploreremo è l'apprendimento supervisionato. In questa modalità, gli algoritmi apprendono da un insieme di dati etichettati. Ogni dato nel set è composto da una serie di caratteristiche (o "features") e un'etichetta. Per esempio, se stiamo cercando di creare un algoritmo che riconosce le mele dalle arance, le caratteristiche potrebbero includere il colore, la forma e la dimensione del frutto, mentre l'etichetta indicherà se il frutto è una mela o un'arancia. L'algoritmo "impara" a predire l'etichetta in base alle caratteristiche, creando un modello che può essere usato per fare previsioni su nuovi dati non etichettati.

Apprendimento Non Supervisionato

A differenza dell'apprendimento supervisionato, nell'apprendimento non supervisionato l'algoritmo viene alimentato con dati non etichettati. L'obiettivo qui è trovare strutture nascoste nei dati. Questo potrebbe includere il raggruppamento di dati simili insieme (un processo noto come "clustering") o trovare la distribuzione dei dati. Un esempio comune di apprendimento non supervisionato è la segmentazione del mercato, dove un'azienda potrebbe voler raggruppare i suoi clienti in segmenti basati su comportamenti di acquisto simili.

Apprendimento Semi-Supervisionato

L'apprendimento semi-supervisionato è una via di mezzo tra l'apprendimento supervisionato e quello non supervisionato. In questo caso, l'algoritmo viene alimentato con un mix di dati etichettati e non etichettati. Questo può essere utile quando si dispone di un grande volume di dati, ma solo una piccola parte di essi è etichettata.

Dati di Addestramento, di Validazione e di Test

Per addestrare e valutare i nostri modelli di apprendimento automatico, dividiamo i nostri dati in tre set: dati di addestramento, dati di validazione e dati di test. I dati di addestramento sono utilizzati per addestrare il nostro modello. I dati di validazione sono usati per regolare i parametri del modello e prevenire l'overfitting (un fenomeno che avviene quando un modello si adatta troppo ai dati di addestramento, al punto da non riuscire a generalizzare bene su nuovi dati). Infine, i dati di test sono utilizzati per valutare le prestazioni del modello su dati nuovi e non visti.

In conclusione, l'apprendimento automatico è un componente essenziale dell'IA generativa. Attraverso l'apprendimento supervisionato, non supervisionato, semi-supervisionato, e l'uso appropriato dei dati di addestramento, validazione e test, possiamo addestrare algoritmi e modelli che possono apprendere dai dati e creare contenuti nuovi e sorprendenti.

2.2 Comprendere le reti neurali

Se sei mai rimasto a bocca aperta di fronte a un quadro dipinto da un robot o hai parlato con un assistente virtuale come Siri, hai già incontrato le reti neurali artificiali! Queste potenti strutture sono al cuore dell'intelligenza artificiale e dell'apprendimento automatico. Ma cos'è esattamente una rete neurale artificiale? E come funziona? È più semplice di quanto pensi. Vediamolo insieme!

Il Neurone Artificiale

Prima di tutto, immagina un neurone artificiale come una piccola fabbrica. Questa fabbrica ha bisogno di materie prime (gli input), che trasforma in un prodotto finito (l'output). Ma non tutte le materie prime sono uguali: alcune sono più importanti per il prodotto finale, altre meno. Questa importanza viene rappresentata dai pesi: più un input ha un peso grande, più è importante.

Ogni neurone riceve un insieme di input, ognuno dei quali è moltiplicato per un peso. Pensa a questo processo come a una bilancia che pesa ogni input. Dopo che tutti gli input sono stati pesati e sommati insieme, il risultato passa attraverso una specie di filtro, chiamato funzione di attivazione, che decide se la fabbrica (il neurone) deve produrre qualcosa o no. Questo processo, da semplice come può sembrare, è la base per cose sorprendenti che vedremo dopo!

Reti Neurali Profonde

Ora immagina di avere un intero quartiere di queste fabbriche, lavorando insieme per produrre cose incredibili. Questo è esattamente quello che succede in una rete neurale profonda. Le reti neurali profonde sono composte da molti neuroni (le fabbriche), organizzati in diversi strati.

C'è uno strato di input, dove arrivano le materie prime (i dati che vogliamo processare), uno o più strati nascosti, dove avviene la magia dell'apprendimento, e infine uno strato di output, che produce il risultato finale.

Ogni strato nascosto impara qualcosa di diverso dai dati. Nel contesto di un'immagine, per esempio, i primi strati potrebbero imparare a riconoscere linee e colori, gli strati successivi potrebbero imparare a riconoscere forme come cerchi e quadrati, e gli strati più profondi potrebbero imparare a riconoscere oggetti complessi come un volto o un albero.

Apprendimento nelle Reti Neurali

Ma come fanno queste fabbriche (i neuroni) a sapere quanto peso dare a ciascun input? E come fanno a sapere cosa fare con questi input? La risposta è l'apprendimento. Le reti neurali apprendono attraverso un processo chiamato backpropagation, che è un po' come il gioco del "telefono senza fili", ma al contrario.

Iniziamo con un errore: la differenza tra quello che la rete neurale pensava di ottenere e quello che ha effettivamente ottenuto. Questo errore viene poi passato all'indietro attraverso la rete, da uno strato all'altro, correggendo i pesi lungo la strada. Questo processo continua fino a quando la rete non è in grado di ridurre l'errore.

E così, attraverso l'apprendimento e l'adattamento, le reti neurali artificiali sono in grado di fare cose strabilianti, come creare nuove opere d'arte, tradurre lingue, riconoscere volti e molto altro ancora. E tutto questo grazie a piccole fabbriche che lavorano insieme, imparando dai loro errori e migliorandosi costantemente. Non è fantastico?

2.3 Come i computer imparano: algoritmi di apprendimento automatico

Sei mai stato curioso di come i computer imparano? Certo, abbiamo parlato di neuroni artificiali e reti neurali, ma cosa li guida a fare scelte migliori? Cosa gli dice se stanno andando nella giusta direzione o se stanno commettendo errori? Ecco dove entrano in gioco gli algoritmi di apprendimento automatico.

La mappa del tesoro: la discesa del gradiente

Immagina di essere un pirata alla ricerca di un tesoro sepolto su una grande collina. Sai che il tesoro è da qualche parte, ma non sai dove. Così, decidi di iniziare a camminare. Ma in quale direzione dovresti andare? Un buon metodo potrebbe essere quello di guardare attorno a te e scegliere la direzione che sembra scendere più in basso. Questa strategia è simile a quella utilizzata da un algoritmo chiamato "discesa del gradiente".

La discesa del gradiente è un algoritmo che i computer utilizzano per cercare la risposta migliore. Come il pirata che cerca il tesoro, la discesa del gradiente "guarda attorno" per vedere quale direzione dovrebbe prendere per ridurre al minimo l'errore. Continua a fare questo, passo dopo passo, fino a quando non trova il "tesoro" - la soluzione che minimizza l'errore.

Insegnare con esempi: apprendimento supervisionato

Ora, immagina di essere uno studente che sta imparando a riconoscere gli animali. Il tuo insegnante ti mostra una serie di immagini di gatti e cani e ti dice quale animale è in ogni immagine. Dopo un po', inizi a riconoscere i cani e i gatti da solo. Questo è essenzialmente come funziona l'apprendimento supervisionato.

Nell'apprendimento supervisionato, abbiamo un insieme di dati di addestramento che include sia gli input (le immagini degli animali) sia gli output corretti (le etichette "gatto" e "cane"). L'algoritmo di apprendimento supervisionato cerca di trovare un modello che colleghi gli input agli output. In altre parole, cerca di capire quali caratteristiche dell'immagine lo conducono a etichettarla come un gatto o un cane.

Esplorare e sperimentare: apprendimento non supervisionato e rinforzo

Ma cosa succede se non hai un insegnante che ti dica cosa è giusto o sbagliato? E se devi capirlo da solo? Questo è l'apprendimento non supervisionato. Invece di cercare di prevedere un output specifico, l'apprendimento non supervisionato cerca di trovare strutture o modelli nei dati.

Un altro modo per i computer di imparare è attraverso l'apprendimento per rinforzo. Pensalo come un gioco di prova ed errore. Ogni volta che il computer fa una mossa, riceve un feedback, che può essere positivo (un premio) se la mossa era buona, o negativo (una penalità) se la mossa era cattiva. Con il tempo, il computer impara a fare mosse che massimizzano i premi e minimizzano le penalità.

Ecco, quindi, che gli algoritmi di apprendimento automatico sono i "maestri" dei computer, insegnandogli come migliorare le loro performance e imparare dai dati. Che si tratti di cercare un tesoro, imparare da un insegnante, esplorare da soli o giocare a un gioco di prova ed errore, gli algoritmi di apprendimento automatico sono alla base di come i computer e l'IA generativa imparano e crescono. E tutto ciò apre porte a infinite possibilità, come vedremo nelle prossime sezioni!

2.4 Oltre le basi: tecniche avanzate di apprendimento automatico

Ok, ora che hai una comprensione di base di come i computer imparano con le reti neurali e gli algoritmi di apprendimento automatico, è tempo di esplorare alcune delle tecniche più avanzate. Queste tecniche consentono ai computer di gestire compiti più complessi, come creare immagini da zero o scrivere storie che sembrano scritte da un essere umano. Andiamo a esplorare!

Il concerto dei dati: ensemble learning

Immagina di essere a un concerto. Ogni strumento suona una melodia diversa, ma insieme creano una bellissima sinfonia. Questo è l'idea di base dell'ensemble learning.

Nell'ensemble learning, invece di utilizzare un singolo modello di apprendimento automatico, ne usiamo molti e li combiniamo per fare previsioni.

Ogni modello fa la sua previsione, e queste previsioni vengono poi combinate in qualche modo (ad esempio, prendendo la media, votando, ecc.) per produrre la previsione finale. Questo può spesso portare a risultati migliori, perché gli errori di un modello possono essere compensati dai punti di forza di un altro.

Nascosto in vista: modelli di Markov nascosti

I modelli di Markov nascosti (Hidden Markov Models, HMM) sono un tipo particolare di modello statistico che è molto utile per gestire sequenze di dati, come il linguaggio o le serie temporali.

Immagina di essere un detective che cerca di risolvere un caso. Hai un insieme di prove (le osservazioni), ma la vera storia (lo stato nascosto) è sconosciuta e devi cercare di dedurla dalle prove. Ecco come funzionano gli HMM: cercano di capire la storia nascosta dietro le osservazioni.

Apprendimento profondo e trasferimento di apprendimento

Il deep learning, o apprendimento profondo, è una forma avanzata di apprendimento automatico che utilizza reti neurali con molti strati nascosti (da qui il termine "profondo"). Questi modelli sono in grado di apprendere caratteristiche molto complesse dai dati e hanno portato a molti progressi nell'IA generativa.

Un'altra tecnica interessante è il trasferimento di apprendimento. Invece di iniziare l'apprendimento da zero, il trasferimento di apprendimento utilizza un modello che è stato già addestrato su un compito e lo adatta a un nuovo compito. È come se un cuoco professionista decidesse di iniziare a fare pasticceria: non deve imparare tutto da capo, ma può utilizzare molte delle competenze che ha già sviluppato.

Tutte queste tecniche avanzate permettono ai computer di gestire compiti sempre più complessi e creare cose che avrebbero sorpreso chiunque solo pochi anni fa. E se pensi che questo sia impressionante, aspetta di vedere quello che ci aspetta nel futuro!

2.5 Misurare le prestazioni dell'IA generativa

Sappiamo che l'IA generativa può creare arte, musica, storie, e molto altro ancora. Ma come sappiamo quanto sono "buone" queste creazioni? Come possiamo misurare le prestazioni di un modello di IA generativa? Queste domande ci portano all'importante concetto di valutazione delle prestazioni nell'IA.

Definire "buono": il concetto di funzione obiettivo

Prima di tutto, dobbiamo definire cosa significa per un modello di IA fare un "buon lavoro". Questo si fa attraverso quello che si chiama una funzione obiettivo, o funzione di perdita. Questa funzione quantifica quanto bene (o male) il modello sta performando.

Per esempio, se stiamo addestrando un modello di IA per riconoscere immagini di gatti, la funzione obiettivo potrebbe essere la percentuale di immagini che il modello ha correttamente identificato come gatti. Idealmente, vogliamo che questa percentuale sia il più alta possibile.

Misurare l'errore: errore di addestramento vs errore di test

Quando addestriamo un modello di IA, ciò che ci interessa davvero è quanto bene il modello sarà in grado di performare su dati nuovi, non visti in precedenza. Ecco perché dividiamo i nostri dati in due set: un set di addestramento, che usiamo per addestrare il modello, e un set di test, che usiamo per valutare quanto bene il modello ha imparato.

L'errore di addestramento è quanto bene il modello performa sui dati di addestramento, mentre l'errore di test è quanto bene il modello performa sui dati di test. Idealmente, vogliamo che entrambi siano il più bassi possibile. Ma fare bene sul set di addestramento non garantisce che il modello farà bene sul set di test. Questo ci porta al concetto di overfitting, o sovradattamento, quando il modello "impara a memoria" i dati di addestramento ma non riesce a generalizzare bene a nuovi dati.

Valutazione qualitativa vs valutazione quantitativa

Nell'IA generativa, ci sono spesso due tipi di valutazione: qualitativa e quantitativa. La valutazione qualitativa coinvolge la visione e l'ascolto degli output del modello per valutare la loro qualità. Ad esempio, ascoltare la musica generata da un modello o esaminare le immagini che ha prodotto.

D'altra parte, la valutazione quantitativa cerca di quantificare la qualità dell'output del modello. Questo può essere difficile, soprattutto perché ciò che consideriamo "buona" arte o "buona" musica può essere molto soggettivo. Tuttavia, i ricercatori hanno sviluppato vari metodi per quantificare le prestazioni, come il calcolo della diversità dell'output del modello o il confronto dell'output del modello con un set di riferimento.

Verso una IA migliore: l'importanza della valutazione delle prestazioni

La valutazione delle prestazioni è un passo cruciale nel processo di sviluppo dell'IA. Senza di essa, non avremmo modo di sapere quanto bene i nostri modelli stanno effettivamente facendo, e non avremmo una guida su come migliorarli. Pertanto, anche se può sembrare un compito arduo, la valutazione delle prestazioni è un elemento essenziale nel mondo dell'IA generativa. Ricorda, l'obiettivo non è solo creare IA che possono generare contenuti, ma IA che possono generare contenuti di alta qualità!

Capitolo 3:

Tipi di AI generativa

3.1 Reti generative avversariali (GAN)

Le reti generative avversariali (GAN) rappresentano una delle tecniche più innovative ed eccitanti nel campo dell'IA generativa. Sviluppate per la prima volta nel 2014 da Ian Goodfellow e dai suoi collaboratori, le GAN hanno rivoluzionato il modo in cui creiamo dati artificiali, aprendo la strada a nuove possibilità nell'arte digitale, nella modellazione 3D, nell'animazione, e in molti altri settori.

Le GAN funzionano utilizzando due reti neurali in competizione tra loro, che lavorano in un modo che può essere paragonato a un artista (il generatore) e a un critico d'arte (il discriminatore). L'artista crea opere d'arte (in questo caso, dati) cercando di imitare lo stile e le caratteristiche dei dati di addestramento, mentre il critico cerca di distinguere le opere d'arte originali da quelle create dall'artista.

Questo processo avviene attraverso una serie di iterazioni. Inizialmente, il generatore crea dati "finti" a partire da un input casuale, detto anche "rumore". Il discriminatore, che è stato precedentemente addestrato su dati reali, valuta quindi i dati generati cercando di distinguere quelli reali da quelli finti. Le informazioni ottenute dal discriminatore vengono poi utilizzate per aggiornare e migliorare il generatore.

Col passare del tempo, il generatore migliora nella sua capacità di creare dati che sembrano reali, mentre il discriminatore diventa sempre più bravo a distinguere i dati reali da quelli generati. Il risultato finale è un generatore che può produrre dati estremamente realistici.

Le GAN sono state utilizzate per un'ampia varietà di applicazioni, dalle immagini e video realistici, alla creazione di modelli 3D, alla generazione di testo. Tuttavia, come vedremo nei capitoli successivi, la potenza delle GAN non è priva di sfide etiche e pratiche. Ad esempio, la loro capacità di creare immagini e video realistici ha sollevato preoccupazioni riguardo la possibilità di creare "deepfakes", contenuti falsi che sembrano incredibilmente realistici.

Nonostante queste sfide, non c'è dubbio che le GAN rappresentano una rivoluzione nel campo dell'IA generativa, e continueranno a giocare un ruolo chiave nello sviluppo futuro di questa disciplina.

3.2 Reti neurali ricorrenti (RNN)

Le Reti Neurali Ricorrenti (RNN) sono una classe speciale di reti neurali artificiali che si distinguono per la loro "memoria". Mentre una rete neurale tradizionale elabora gli input indipendentemente l'uno dall'altro, una RNN tiene traccia di informazioni precedenti mentre elabora nuovi dati. Questo le rende particolarmente utili nel trattamento di dati sequenziali come il testo, il discorso o le serie temporali.

Le RNN funzionano prendendo sia l'input corrente che quello precedente per produrre l'output. Immagina una RNN come un nastro di una cassetta che si srotola nel tempo: ogni segmento del nastro è uno step temporale con un input, un output, e una "memoria" che collega gli step nel tempo. Questa memoria viene utilizzata per influenzare l'output in base ai dati passati. In pratica, significa che l'output di un determinato step temporale in una RNN dipende non solo dall'input corrente, ma anche da quello che è stato appreso in passato.

Questa caratteristica rende le RNN estremamente utili per l'apprendimento da sequenze di dati. Ad esempio, se stiamo cercando di prevedere la prossima parola in una frase, è importante non solo la parola corrente, ma anche le parole precedenti. Le RNN possono catturare queste dipendenze temporali e utilizzarle per fare previsioni più accurate.

Nel campo dell'IA generativa, le RNN sono state utilizzate in una varietà di applicazioni. Ad esempio, sono state utilizzate per generare testo carattere per carattere, producendo risultati che possono sembrare incredibilmente realistici. Sono state utilizzate anche per generare musica, dove ogni nota o accordo dipende fortemente da quelli che lo precedono. Le RNN possono anche essere utilizzate per generare sequenze di movimenti, come le mosse di un personaggio di un videogioco o di un robot.

Tuttavia, nonostante le loro capacità, le RNN hanno anche alcune limitazioni. Ad esempio, possono avere difficoltà a gestire dipendenze a lungo termine a causa di ciò che è noto come il problema della "sparizione del gradiente". Vari modelli come le Long Short-Term Memory (LSTM) e le Gated Recurrent Unit (GRU) sono state sviluppate per affrontare questo problema.

In conclusione, le reti neurali ricorrenti hanno aperto la strada a nuovi modi di generare dati sequenziali e continuano a essere un componente importante del toolkit dell'IA generativa.

3.3 Altri approcci all'IA generativa

Oltre alle Reti Generative Avversariali (GAN) e alle Reti Neurali Ricorrenti (RNN), che rappresentano alcune delle tecniche più popolari e di grande impatto nell'IA generativa, esistono numerosi altri approcci che vale la pena esplorare. Questi includono i modelli Autoencoder, i Transformer, i modelli basati su agenti e molti altri. Ciascuno di questi ha delle particolari forze e applicazioni, e la comprensione di queste tecniche può fornire una visione più completa e profonda del campo dell'IA generativa.

Autoencoders:

Gli Autoencoders sono una speciale classe di reti neurali utilizzate per l'apprendimento non supervisionato, che ha lo scopo di apprendere una rappresentazione compatta (o "codificata") dei dati di input. Essenzialmente, un Autoencoder è una rete neurale che è addestrata a riprodurre il suo input alla sua uscita. Tuttavia, l'architettura della rete è progettata in modo tale che i dati vengano compressi in una rappresentazione latente a dimensione ridotta nel mezzo della rete, forzando la rete a imparare una rappresentazione efficiente dei dati.

Questo processo di apprendimento viene svolto in due fasi. La prima fase, chiamata "encoding", consiste nel comprimere i dati di input in una forma codificata. La seconda fase, chiamata "decoding", consiste nel riportare i dati codificati alla loro forma originale. Gli Autoencoders possono essere utilizzati per una varietà di applicazioni nell'IA generativa, tra cui la riduzione della dimensionalità, l'eliminazione del rumore dai dati, e la generazione di nuovi dati che assomigliano ai dati di addestramento. Un tipo particolare di Autoencoder, chiamato Variational Autoencoder (VAE), è spesso utilizzato per la generazione di dati, poiché può generare nuovi dati che seguono la stessa distribuzione dei dati di addestramento.

Transformer:

I Transformer sono un tipo di modello di deep learning che ha rivoluzionato il trattamento di dati sequenziali. A differenza delle RNN, che elaborano i dati sequenzialmente, i Transformer possono elaborare tutti gli elementi di una sequenza contemporaneamente, il che li rende particolarmente efficienti per il trattamento di sequenze lunghe. Questo è reso possibile grazie a un meccanismo chiamato "attenzione", che pesa l'importanza relativa di ciascun elemento di una sequenza quando produce l'output.

Nell'IA generativa, i Transformer hanno avuto un impatto significativo, soprattutto nella generazione di testo. Modelli basati su Transformer come GPT-3 di OpenAI hanno dimostrato una capacità senza precedenti di generare testo coerente e realistico, aprendo nuove possibilità per applicazioni come la creazione di contenuti, il completamento automatico del testo, e la conversazione con agenti di intelligenza artificiale.

Modelli basati su agenti:

I modelli basati su agenti sono un altro approccio interessante all'IA generativa. In un modello basato su agenti, l'obiettivo è di simulare il comportamento di un insieme di agenti autonomi in un ambiente. Questo è spesso realizzato attraverso l'uso di algoritmi di apprendimento per rinforzo, in cui ogni agente apprende a scegliere azioni che massimizzano un certo segnale di ricompensa. Le sequenze di azioni generate da un modello basato su agenti possono essere viste come una forma di dati generativi.

Ad esempio, un modello basato su agenti potrebbe essere utilizzato per simulare il comportamento di un branco di lupi, dove ogni "lupo" è un agente che segue un insieme semplice di regole basate sul comportamento dei lupi vicini. O potrebbe essere utilizzato per generare il comportamento di un personaggio di un videogioco, dove l'agente apprende a scegliere le mosse che portano al punteggio più alto.

Hidden Markov Models e catene di Markov:

Gli Hidden Markov Models (HMM) e le catene di Markov sono tecniche statistiche utilizzate per modellare sequenze di dati. Entrambi sono basati sull'idea di processi stocastici, dove il prossimo stato dipende solo dallo stato corrente e non da quelli precedenti. Questi modelli possono essere utilizzati per generare sequenze realistiche di eventi o comportamenti. Ad esempio, un HMM potrebbe essere utilizzato per generare una sequenza di note musicali che suonano come una certa composizione, oppure per generare una sequenza di parole che suonano come un certo stile di scrittura.

Reti neurali convoluzionali (CNN):

Infine, anche se le CNN sono meglio conosciute per il loro uso nella classificazione di immagini, possono anche essere utilizzate in un contesto generativo. Ad esempio, una CNN può essere addestrata a generare immagini a partire da un input di rumore casuale, in un modo simile a come funzionano le GAN. Questo approccio è spesso utilizzato per generare immagini artistiche o stilizzate, o per creare immagini realistiche di volti, oggetti e paesaggi.

Questi sono solo alcuni esempi dei molti approcci disponibili nell'IA generativa. Ciascuna di queste tecniche ha i suoi punti di forza e le sue applicazioni, e comprendere come funzionano può aiutarti a capire meglio come l'IA generativa può essere utilizzata per creare nuovi dati e idee. Mentre alcune tecniche possono essere più adatte a determinate applicazioni rispetto ad altre, la scelta dell'approccio da utilizzare dipenderà spesso dai dettagli specifici del problema che si cerca di risolvere.

Capitolo 4:

Creare arte con l'IA generativa

4.1 Generazione di immagini e grafica

L'Intelligenza Artificiale generativa ha aperto nuove frontiere rivoluzionarie nel campo della creazione di immagini e grafica, dando vita a un universo completamente nuovo di possibilità artistiche e commerciali. Utilizzando tecniche avanzate come le reti generative avversariali (GAN), gli autoencoder e le reti neurali convoluzionali, l'IA può ora generare immagini da zero che sono indistinguibili dalle immagini reali, creare opere d'arte uniche o modificare immagini esistenti in modi affascinanti e innovativi.

Generazione di immagini realiste:

Una delle applicazioni più note e significative dell'IA generativa è la creazione di immagini che rispecchiano la realtà in modo impressionante. Le GAN, ad esempio, possono essere utilizzate per generare immagini di volti umani che non esistono, ma che appaiono incredibilmente reali all'osservatore. Questo è il principio dietro siti web come "This Person Does Not Exist", che genera volti umani realistici ogni volta che viene aggiornata la pagina. Questa applicazione non si limita ai volti umani - le GAN possono essere sfruttate per creare immagini di oggetti, paesaggi, edifici, animali e molto altro ancora, spingendo i limiti di ciò che è possibile creare artificialmente.

Creazione di opere d'arte:

L'IA generativa ha aperto nuovi orizzonti nel mondo dell'arte digitale, permettendo agli artisti di usare l'IA come un'estensione dei loro strumenti creativi. Ad esempio, un artista può addestrare un modello di IA sui propri lavori precedenti, permettendo all'IA di generare nuove opere che riflettono e amplificano il suo stile unico. Alternativamente, l'IA può essere addestrata su un vasto insieme di opere d'arte di diversi artisti, permettendole di creare nuove opere che incorporano elementi di diversi stili e periodi artistici. Ci sono stati casi in cui opere d'arte create da IA sono state vendute in aste d'arte, a volte per somme significative, segnando un punto di svolta nel modo in cui percepiamo la creazione artistica.

Modifica delle immagini:

L'IA generativa può essere utilizzata per modificare le immagini esistenti in modi sorprendenti e rivoluzionari. Può essere utilizzata per cambiare il tempo o la stagione in una foto, trasformare un disegno a matita in un'immagine a colori vibranti, o modificare lo stile di una foto per farla assomigliare a un dipinto famoso. Queste manipolazioni sono possibili grazie a tecniche come il "transfer di stile", in cui lo stile di un'immagine (come i colori e le pennellate di un dipinto) viene trasferito a un'altra immagine. Queste applicazioni possono avere implicazioni importanti in vari settori, dal design di interni alla moda, dalla pubblicità al cinema.

Generazione di grafica per videogiochi e film:

L'IA generativa ha un potenziale enorme nell'industria dell'intrattenimento. Può essere utilizzata per generare grafica per videogiochi, creando ambienti, personaggi e oggetti che sono unici per ogni giocatore. Questo può portare a un'esperienza di gioco più coinvolgente e personalizzata. Allo stesso modo, l'IA può essere utilizzata per creare effetti speciali per i film. Può generare creature fantastiche, esplosioni spettacolari o mondi alieni realistici, riducendo i costi e i tempi di produzione e permettendo agli artisti di realizzare visioni che altrimenti sarebbero troppo costose o complesse da creare.

Tutto sommato, queste applicazioni dell'IA generativa nella creazione di immagini e grafica rappresentano solo la punta dell'iceberg. Con l'evoluzione continua della tecnologia e il suo accesso sempre più democratizzato, è probabile che vedremo un'esplosione di nuove applicazioni creative nel prossimo futuro. E mentre queste tecniche aprono nuovi mondi di possibilità, è importante ricordare l'importanza di un uso etico e responsabile di queste potenti tecnologie.

4.2 Musica e composizione generativa

L'Intelligenza Artificiale generativa sta giocando un ruolo sempre più rilevante nel panorama musicale globale, alimentando una rivoluzione creativa che sta cambiando il modo in cui pensiamo alla creazione musicale. Grazie all'applicazione di tecniche avanzate di apprendimento automatico come le reti neurali profonde, la musica generata artificialmente sta diventando sempre più sofisticata, portando a nuovi orizzonti sonori e aprendo una moltitudine di possibilità per compositori, musicisti, produttori e appassionati di musica.

Generazione di musica originale:

Uno degli aspetti più affascinanti dell'IA generativa è la sua capacità di creare musica originale. Sulla base di una vasta gamma di dati di addestramento, che possono comprendere tutto, dai brani di Beethoven alla musica pop contemporanea, l'IA può essere addestrata a generare nuovi brani che catturano gli stili, i ritmi e le strutture che ha appreso. Ad esempio, se addestrata esclusivamente su musica classica, l'IA può produrre nuovi pezzi che, pur essendo inediti, portano l'inequivocabile impronta dei grandi maestri del passato. D'altro canto, se addestrata su un mix di generi, l'IA può creare brani che fondono stili in modi inaspettati, sfumando le linee tra i generi musicali e creando nuove forme di espressione musicale.

Creazione di strumenti musicali generativi:

Al di là della generazione di brani completi, l'IA può essere utilizzata per creare strumenti musicali generativi. Questi strumenti, alimentati da algoritmi di IA, possono rispondere in tempo reale ai gesti dell'utente, generando accompagnamenti, armonie, o addirittura improvvisazioni. Ciò può portare a un'interazione più dinamica e coinvolgente con la musica, in cui l'utente non è solo un esecutore, ma un collaboratore attivo nella creazione musicale.

Collaborazione tra umani e IA nella composizione musicale:

Una delle potenzialità più eccitanti dell'IA generativa in musica è la sua capacità di agire come partner collaborativo nella composizione musicale. Compositori e artisti possono iniziare un brano, una melodia o un ritmo, e poi chiedere all'IA di svilupparlo, estenderlo o modificarlo. L'IA può aiutare a esplorare nuovi territori musicali, proponendo idee e progressioni che un compositore umano potrebbe non aver considerato. Questa collaborazione uomo-macchina può dare vita a una forma d'arte ibrida che unisce il tocco umano e la creatività con la potenza di elaborazione e l'abilità di apprendimento dell'IA.

Personalizzazione e creazione di playlist:

Le tecniche di IA generativa stanno rivoluzionando anche il modo in cui ascoltiamo la musica. I servizi di streaming musicale stanno utilizzando algoritmi di IA per analizzare i gusti musicali dei loro utenti, riconoscendo i modelli nei loro comportamenti di ascolto e generando playlist personalizzate basate su questi modelli. Questo grado di personalizzazione sta trasformando l'esperienza di ascolto musicale, rendendo ogni ascolto un'esperienza unica.

Creazione di suoni e rumori:

Ma la musica non è l'unica forma di suono che l'IA generativa può creare. Queste tecniche possono anche essere utilizzate per generare una vasta gamma di suoni e rumori. Che si tratti di creare effetti sonori per videogiochi o film, generare rumori di fondo per la meditazione o l'insonnia, o addirittura creare nuovi strumenti musicali virtuali, l'IA generativa sta ampliando il nostro vocabolario sonoro in modi mai visti prima.

Mentre esploriamo questi nuovi orizzonti musicali, è importante considerare anche le questioni etiche e legali che emergono. Chi possiede la musica generata dall'IA? Come possiamo garantire un uso equo e responsabile di queste potenti tecnologie? Queste sono domande a cui dovremo rispondere man mano che procediamo in questa entusiasmante nuova era della creazione musicale.

4.3 Scrittura e narrazione generative

La scrittura e la narrazione generative, alimentate dalle tecniche avanzate dell'Intelligenza Artificiale, stanno aprendo nuovi capitoli nel vasto campo della letteratura e della comunicazione. L'IA, con le sue incredibili capacità, sta trasformando la modalità di produzione dei testi in un'ampia varietà di contesti, compresi racconti, articoli di giornale, contenuti di blog, sceneggiature e persino poesie. Questa rivoluzione digitale sta modificando non solo il modo in cui creiamo i testi, ma anche come li percepiamo e li consumiamo.

Generazione di storie originali:

Le tecniche di IA generativa stanno aprendo nuove frontiere nella creazione di storie. Gli algoritmi avanzati di apprendimento automatico, addestrati su un vasto corpus di opere letterarie, possono imparare i sottili modelli linguistici, stilistici e narrativi che caratterizzano diversi generi e stili di scrittura. Una volta addestrati, questi algoritmi possono generare nuove storie che rispecchiano le strutture narrative, i personaggi e i temi che hanno appreso. Questo può spaziare dalla creazione di brevi racconti o poesie a storie più lunghe e complesse. Inoltre, l'IA può anche aiutare gli autori umani a sviluppare le loro idee, suggerendo possibili sviluppi della trama o creando interi capitoli.

Scrittura assistita dall'IA:

Al di là della creazione di nuove storie, l'IA sta anche trovando un utilizzo significativo come assistente di scrittura. Gli strumenti di scrittura basati sull'IA possono suggerire modifiche e miglioramenti a un testo, dalla correzione di errori grammaticali e ortografici alla rifinitura dello stile di scrittura. Questi strumenti possono anche aiutare a superare il temuto blocco dello scrittore, suggerendo idee o frasi che possono far fluire nuovamente le parole. Inoltre, strumenti come questi possono adattare il tono del testo al pubblico di destinazione, rendendo il messaggio più efficace.

Generazione di contenuti informativi e di notizie:

In ambito giornalistico e informativo, l'IA generativa sta rivoluzionando il modo in cui vengono prodotti i contenuti. Algoritmi di IA sono in grado di analizzare rapidamente grandi quantità di dati, estrapolare le informazioni chiave e presentarle sotto forma di articoli concisi e informativi. Questo è particolarmente utile per articoli su eventi specifici, come report finanziari o articoli di notizie sportive. Questo non solo rende la produzione di notizie più efficiente, ma libera anche i giornalisti per concentrarsi su storie più complesse e investigative che richiedono un tocco umano.

Sceneggiature e dialoghi per film e videogiochi:

L'IA generativa sta trovando applicazione anche nel campo dell'intrattenimento, specialmente nei videogiochi e nel cinema. Nei videogiochi, ad esempio, l'IA può essere utilizzata per generare dialoghi in tempo reale in risposta alle azioni del giocatore, rendendo l'esperienza di gioco più coinvolgente e immersiva. Nel campo del cinema, l'IA sta cominciando ad essere utilizzata per aiutare a scrivere sceneggiature. Anche se per ora l'IA non può sostituire la creatività e l'ingegno umani, può contribuire con idee per la trama o i dialoghi, e può essere uno strumento utile per sviluppare storie.

Tuttavia, nonostante le notevoli opportunità che l'IA generativa offre per la scrittura e la narrazione, sorgono anche diverse questioni etiche e legali. La questione della proprietà intellettuale dei contenuti generati dall'IA è un tema caldo di dibattito. C'è anche la questione della trasparenza: è importante che i lettori sappiano se un contenuto è stato generato da un algoritmo. Infine, c'è la questione dell'impatto dell'IA sulla professione di scrittore: l'IA completerà o sostituirà gli scrittori umani? Solo il tempo potrà dire. Ciò che è certo è che l'IA sta cambiando il paesaggio della scrittura e della narrazione, offrendo nuove e affascinanti possibilità.

Capitolo 5:

Etica e responsabilità nell'IA generativa

5.1 Implicazioni etiche dell'IA generativa

L'Intelligenza Artificiale (IA) generativa, con la sua capacità di produrre nuovi contenuti e soluzioni, sta portando un'ondata di innovazione in una miriade di settori. Tuttavia, con questo potenziale enorme, sorgono anche una serie di sfide e problemi etici complessi che richiedono la nostra attenzione. Esploriamo alcuni di questi problemi più dettagliatamente.

Proprietà intellettuale e diritti d'autore:

L'IA generativa ha sollevato domande spinose sulla proprietà intellettuale e sui diritti d'autore. Se un'IA crea un'opera d'arte, una composizione musicale o un testo, chi detiene i diritti su quel lavoro? Si tratta di un argomento complesso che richiede una revisione delle attuali leggi sul copyright e sui brevetti. Alcuni ritengono che i diritti dovrebbero andare ai creatori del software di IA, altri sostengono che dovrebbero andare agli utenti che "allenano" l'IA, e ancora altri ritengono che le opere generate dall'IA dovrebbero essere di dominio pubblico. La questione si complica ulteriormente quando consideriamo che l'IA può creare opere che somigliano a quelle di artisti esistenti. Come dovrebbe essere gestita la questione della somiglianza? Questi dilemmi stanno spingendo a riconsiderare il nostro concetto di creatività e originalità.

Responsabilità delle azioni:

In parallelo alla questione della responsabilità delle creazioni dell'IA, emerge il tema della responsabilità delle azioni. Chi deve rispondere delle decisioni prese da un algoritmo di IA e dei risultati prodotti? Questa forma di responsabilità, che talvolta viene indicata come "accountability", è particolarmente importante quando le decisioni dell'IA hanno un impatto significativo sulla vita delle persone o sui processi critici della società.

Nel contesto dell'IA generativa, la responsabilità delle azioni può essere sfidante. Dato che l'IA generativa è spesso basata su tecniche di apprendimento profondo, i processi decisionali interni dell'algoritmo possono essere difficili da comprendere, anche per gli stessi sviluppatori. Questo fenomeno è noto come "scatola nera" dell'IA, e rappresenta una sfida significativa per la responsabilità delle azioni.

La responsabilità delle azioni richiede trasparenza, il che significa che gli sviluppatori dovrebbero essere in grado di spiegare come i loro algoritmi prendono decisioni. Questo può essere particolarmente importante quando le decisioni dell'IA riguardano aree sensibili, come la moderazione dei contenuti o le raccomandazioni personalizzate. Per promuovere la responsabilità delle azioni, si sta esplorando l'uso di tecniche di "spiegabilità dell'IA", che cercano di rendere i processi decisionali dell'IA più comprensibili per gli esseri umani.

Inoltre, la responsabilità delle azioni implica che ci dovrebbero essere meccanismi per contestare o appellare le decisioni prese dall'IA. Ad esempio, se un algoritmo di IA genera contenuti che un individuo ritiene offensivi o inappropriati, dovrebbe esistere un mezzo per contestare tali contenuti e richiedere un riesame.

Nel complesso, la responsabilità delle creazioni e la responsabilità delle azioni nell'IA generativa sono concetti essenziali che richiedono un attento equilibrio tra innovazione tecnologica, etica e diritti degli individui. Solo con un approccio consapevole e riflessivo, si potrà navigare efficacemente in questi nuovi territori, rispettando i diritti di tutti e garantendo che l'IA generativa sia utilizzata per il beneficio di tutti.

Trasparenza e consapevolezza:

La trasparenza è un altro aspetto etico cruciale dell'IA generativa. È importante che le persone sappiano quando stanno interagendo con contenuti generati da un'IA, in modo da poterli valutare adeguatamente. Questo è particolarmente rilevante in contesti come le notizie, i social media e la pubblicità, dove la credibilità e l'autenticità delle informazioni sono fondamentali. La consapevolezza del pubblico riguarda anche l'educazione e la comprensione di come funziona l'IA generativa. Per poter navigare in questo nuovo panorama digitale, le persone hanno bisogno di avere una comprensione di base delle tecniche di IA e di come possono essere utilizzate o abusate.

Impatto sulla creatività e il lavoro umano:

L'Intelligenza Artificiale generativa sta creando onde nel panorama creativo e lavorativo del mondo, aprendo nuovi orizzonti ma anche sfide. Da un lato, si sta dimostrando una potente alleata per gli artisti, offrendo nuovi modi per esplorare concetti, stili e tecniche. Per esempio, un musicista può utilizzare l'IA per generare melodie inedite o arrangiamenti, mentre un pittore può sperimentare diversi stili artistici. In questo senso, l'IA non elimina la creatività umana, anzi la potenzia e la estende. Tuttavia, dall'altro lato, sorge la preoccupazione che l'IA generativa possa sostituire il lavoro umano in certe professioni creative e di contenuti. L'abilità dell'IA di generare rapidamente contenuti di alta qualità può infatti minacciare ruoli che richiedono la creazione di contenuti originali. Inoltre, pur potendo replicare certi aspetti della creatività umana, l'IA non è in grado di replicare il significato, il contesto e l'intenzione che sono intrinsecamente umani. Se ci affidiamo eccessivamente all'IA per la creazione di contenuti, rischiamo di perdere queste qualità umane preziose e uniche. L'essenza della creatività umana risiede non solo nel prodotto finale, ma anche nel processo creativo, nel quale intervengono esperienze personali, intuizioni, passione e espressione di sé. È quindi fondamentale trovare un equilibrio tra l'adozione di questa tecnologia per espandere le possibilità creative e la salvaguardia del valore della creatività umana. L'IA dovrebbe essere considerata un complemento alla creatività umana, un potente strumento che ci aiuta a esprimerci in nuovi e affascinanti modi.

Disuguaglianze di accesso:

Come tutte le tecnologie, l'IA generativa può esacerbare le disuguaglianze sociali ed economiche. L'accesso a queste tecnologie potrebbe essere limitato a coloro che possono permettersi di acquistare e utilizzare hardware e software avanzati. Inoltre, l'IA generativa può essere utilizzata per generare contenuti di alta qualità a basso costo, potenzialmente mettendo a rischio i lavori in settori come il giornalismo, l'arte e la musica. È importante garantire che i benefici dell'IA generativa siano equamente distribuiti e che non creino o esacerbino le disuguaglianze.

Queste sono solo alcune delle molte questioni etiche sollevate dall'IA generativa. Mentre continuiamo a esplorare e a sfruttare le potenzialità di questa tecnologia, è fondamentale che si tenga un dibattito aperto e critico su queste questioni. Sia che si tratti di legiferare nuove leggi, di stabilire standard etici per gli sviluppatori di IA, o di educare il pubblico sulle implicazioni dell'IA, dobbiamo affrontare queste sfide in modo responsabile e riflessivo.

5.2 Bias e giustizia nell'IA generativa

Le tecnologie di IA generativa, pur essendo strumenti incredibilmente potenti, non sono esenti da errori e problemi. Un problema di particolare preoccupazione è il bias, o pregiudizio, che può emergere nei modelli di apprendimento automatico. Questo bias può provenire da vari fattori e avere implicazioni significative per la giustizia e l'equità.

Origine del bias:

Le tecniche di IA generativa, come tutte le forme di IA, dipendono dai dati per apprendere e fare previsioni. Se i dati di addestramento contengono bias, questi possono essere appresi e perpetuati dal modello di IA. Ad esempio, se un set di dati di addestramento per un algoritmo di composizione musicale contiene principalmente musiche composte da uomini, l'algoritmo potrebbe involontariamente favorire uno stile musicale maschile. Il bias può anche emergere se i dati di addestramento non sono rappresentativi di tutte le popolazioni o i gruppi. Ad esempio, se i dati di addestramento per un algoritmo di generazione di testi sono basati principalmente su autori di un certo gruppo etnico, l'algoritmo potrebbe non essere in grado di generare testi che riflettono la diversità delle esperienze umane.

Impatto del bias:

Il bias nell'IA generativa può avere vari effetti negativi. Può portare a una rappresentazione non equa o stereotipata di certi gruppi, contribuire alla disuguaglianza di genere o razziale, o creare barriere per le persone appartenenti a gruppi minoritari. Il bias può anche avere un impatto sulla qualità e sulla varietà dei contenuti generati. Ad esempio, un algoritmo di generazione di testi con un bias potrebbe produrre storie che sono unidimensionali o stereotipate.

Rimediare al bias:

Combattere il bias nell'IA generativa è una sfida importante, ma esistono vari modi per affrontarla. Uno è quello di utilizzare dati di addestramento più diversificati e rappresentativi. Un altro è quello di utilizzare tecniche di "debiasing", che cercano di ridurre il bias nei modelli di IA attraverso vari metodi, come la rivalutazione dei pesi delle caratteristiche nel modello. Infine, è importante fare un controllo del bias durante la fase di test e validazione dei modelli di IA.

Bias e giustizia:

Il bias nell'IA generativa solleva anche questioni di giustizia. Se l'IA è usata per generare contenuti che influenzano l'opinione pubblica, come le notizie o la pubblicità, il bias può influenzare il modo in cui vediamo il mondo e interagiamo con gli altri. Questo può avere un impatto sulle opportunità, sulla rappresentazione e sulla voce dei diversi gruppi nella società. Pertanto, garantire che l'IA generativa sia libera da bias è una questione di giustizia ed equità.

La responsabilità degli sviluppatori: Infine, la questione del bias nell'IA generativa sottolinea la responsabilità degli sviluppatori di IA. Gli sviluppatori devono essere consapevoli del potenziale bias nei loro modelli e fare tutto il possibile per prevenirlo e mitigarlo. Questo potrebbe richiedere una maggiore attenzione alla scelta e all'analisi dei dati di addestramento, nonché un impegno a testare e validare i modelli per il bias.

Il bias nell'IA generativa è un problema complesso che richiede la nostra attenzione. Solo attraverso un attento studio, un impegno etico e un'azione informata possiamo sperare di affrontare questa sfida.

5.3 Ruolo degli esseri umani nella creazione dell'IA generativa

Sebbene l'IA generativa abbia acquisito una notevole autonomia, è importante ricordare che dietro ogni modello di intelligenza artificiale ci sono esseri umani che lo progettano, lo addestrano e lo gestiscono. Esaminiamo più da vicino il ruolo degli esseri umani in vari aspetti dell'IA generativa.

Creazione del modello:

Gli esseri umani svolgono un ruolo centrale nella creazione dei modelli di IA generativa. Questo include la scelta dell'architettura del modello, come una rete generativa avversaria (GAN) o una rete neurale ricorrente (RNN), e la definizione dei parametri del modello. Queste decisioni possono avere un impatto significativo sul tipo di contenuti che l'IA può generare e su come funziona.

Addestramento dell'IA:

Gli esseri umani svolgono anche un ruolo cruciale nell'addestramento dei modelli di IA generativa. Questo coinvolge la raccolta e la preparazione dei dati di addestramento, il monitoraggio del processo di addestramento e la regolazione dei parametri del modello per ottimizzarne le prestazioni. Durante questo processo, gli esseri umani possono influenzare l'IA in vari modi, ad esempio scegliendo quali dati usare per l'addestramento o come valutare le prestazioni dell'IA.

Interpretazione e utilizzo dei risultati:

Una volta che un modello di IA generativa ha prodotto dei risultati, spetta agli esseri umani interpretarli e decidere come utilizzarli. Questo potrebbe implicare la scelta di quali contenuti generati dall'IA pubblicare o distribuire, o come incorporare i risultati dell'IA in un progetto o un'opera d'arte. Gli esseri umani possono anche decidere di affinare ulteriormente i risultati dell'IA, ad esempio modificando o combinando i contenuti generati.

Gestione delle implicazioni etiche e sociali:

Gli esseri umani hanno anche la responsabilità di gestire le implicazioni etiche e sociali dell'IA generativa. Questo può includere l'assicurarsi che l'IA non perpetui il bias o la discriminazione, la gestione delle questioni relative ai diritti d'autore e alla proprietà intellettuale, e la garanzia che l'IA sia utilizzata in modo responsabile e benefico. In questo contesto, gli sviluppatori di IA, i regolatori, i professionisti dell'etica e il pubblico in generale hanno tutti un ruolo da svolgere.

Formazione e educazione:

Infine, un aspetto fondamentale del ruolo umano nell'IA generativa è la formazione e l'educazione. Poiché l'IA generativa diventa sempre più prevalente, è importante che le persone comprendano come funziona, come può essere utilizzata e quali sono le sue implicazioni. Questo può richiedere la formazione di sviluppatori di IA, l'educazione del pubblico e l'incorporazione dell'IA generativa nelle scuole e nelle università.

In conclusione, mentre l'IA generativa può creare contenuti autonomamente, gli esseri umani svolgono ancora un ruolo fondamentale in ogni fase del processo. Da questo punto di vista, l'IA generativa non dovrebbe essere vista come una minaccia all'ingegno umano, ma piuttosto come un'estensione delle nostre capacità creative, un nuovo strumento che possiamo usare per esplorare, creare e innovare.

Capitolo 6:

Futuro dell'IA generativa

6.1 Tendenze emergenti nell'IA generativa

L'IA generativa, come qualsiasi altro campo della tecnologia, è in costante evoluzione. Gli sviluppatori di IA, gli artisti, i ricercatori e le aziende di tutto il mondo stanno sperimentando nuovi approcci e applicazioni, spingendo continuamente i limiti di ciò che l'IA generativa può fare. Ecco alcune delle tendenze emergenti più interessanti in questo campo.

IA generativa multimodale:

Una delle tendenze più entusiasmanti nell'IA generativa è l'uso di modelli che possono generare contenuti in più modalità contemporaneamente. Ad esempio, un modello potrebbe essere addestrato a generare non solo testo, ma anche immagini, suoni o persino video correlati. Questo può portare a nuovi tipi di esperienze creative, come storie interattive che combinano testo, immagini e suoni generati in tempo reale.

IA generativa interattiva:

Un'altra tendenza emergente è l'uso di IA generativa in contesti interattivi. Ad esempio, l'IA potrebbe essere utilizzata per generare contenuti in risposta alle azioni o alle scelte di un utente, creando così esperienze personalizzate e dinamiche. Questo potrebbe avere applicazioni in una serie di settori, dalla creazione di videogiochi a realtà virtuale e aumentata, all'apprendimento online.

IA generativa e open data:

Mentre l'IA generativa ha spesso bisogno di grandi quantità di dati per l'apprendimento, la tendenza verso l'uso di open data e accessibili sta guadagnando forza. I progetti di open data possono contribuire a rendere l'IA generativa più accessibile e democratica, permettendo a più persone di addestrare i loro modelli e creare contenuti unici. Allo stesso tempo, l'uso di dati aperti può aiutare a mitigare alcuni dei problemi di bias e rappresentatività nei dati di addestramento.

IA generativa e sostenibilità:

Un'altra tendenza emergente è l'attenzione alla sostenibilità nell'IA generativa. L'addestramento di modelli di IA può richiedere una notevole quantità di risorse computazionali ed energetiche, il che ha un impatto sull'ambiente. Nuovi approcci stanno cercando di rendere l'IA generativa più efficiente dal punto di vista energetico, o di utilizzare l'IA per aiutare a risolvere problemi ambientali, come il monitoraggio del cambiamento climatico o la previsione dell'uso dell'energia.

IA generativa e etica:

Infine, c'è una crescente consapevolezza dell'importanza dell'etica nell'IA generativa. Questo include la gestione dei problemi di bias e di discriminazione, il rispetto della privacy e dei diritti d'autore, e la promozione dell'uso responsabile e benefico dell'IA. L'etica dell'IA generativa è un campo di ricerca attivo, e vediamo una crescente collaborazione tra sviluppatori di IA, eticisti, giuristi e altre parti interessate per affrontare queste questioni.

Queste tendenze illustrano l'entusiasmo e l'innovazione che caratterizzano l'IA generativa. Con ogni nuova scoperta o sviluppo, abbiamo l'opportunità di riscrivere ciò che l'IA generativa può fare e come la usiamo. È un momento entusiasmante per essere coinvolti in questo campo.

6.2 Possibili impatti dell'IA generativa sulla società

L'Intelligenza Artificiale generativa ha il potenziale di influenzare la società in molti modi. Vediamo alcuni dei possibili impatti che potrebbe avere in vari settori.

Educazione:

L'IA generativa può essere usata per creare materiale didattico personalizzato e interattivo. Potrebbe generare esercizi adattati al livello di competenza di ciascuno studente, proporre problemi creativi basati su situazioni reali o creare storie coinvolgenti per insegnare concetti complessi. Questo potrebbe rendere l'educazione più accessibile e stimolante.

Intrattenimento:

Nell'intrattenimento, l'IA generativa può rivoluzionare il modo in cui creiamo e fruiamo musica, film, videogiochi e altre forme di media. Ad esempio, potrebbe essere usata per creare musica o sceneggiature su misura per gli utenti, o per generare mondi virtuali dinamici e immersivi nei videogiochi.

Arte:

Nell'arte, l'IA generativa offre nuove possibilità per la creatività e l'espressione. Gli artisti possono utilizzare l'IA per generare nuovi tipi di opere d'arte, sperimentare nuove tecniche o esplorare nuovi temi. Allo stesso tempo, l'IA può sfidare le nostre idee su cosa significa essere un artista o un creatore.

Lavoro e economia:

L'IA generativa potrebbe anche avere un impatto significativo sul lavoro e l'economia. Da un lato, potrebbe automatizzare alcune attività creative, cambiando il tipo di competenze richieste nel mercato del lavoro. D'altra parte, potrebbe creare nuove opportunità di lavoro nel campo dell'IA e dell'arte digitale.

Etica e società:

Infine, l'IA generativa solleva importanti questioni etiche e sociali. Ad esempio, come dovremmo gestire i problemi di bias e di discriminazione nell'IA? Chi possiede i diritti d'autore sui contenuti generati dall'IA? Come possiamo garantire che l'IA sia utilizzata in modo responsabile e benefico? Queste sono tutte domande che la società dovrà affrontare mentre l'IA generativa diventa sempre più prevalente.

In conclusione, l'IA generativa ha il potenziale di cambiare molti aspetti della nostra società. Come con qualsiasi tecnologia, il modo in cui questi cambiamenti si svolgeranno dipenderà da come scegliamo di utilizzare l'IA, dalle regole che stabiliremo per il suo utilizzo e dalle conversazioni che avremo come società sul suo impatto. È importante iniziare a riflettere su queste questioni ora, mentre l'IA generativa è ancora in fase di sviluppo, in modo da poter guidare il suo impatto in una direzione che sia vantaggiosa per tutti.

6.3 Considerazioni sulle prospettive di carriera nell'IA generativa

Se sei un giovane interessato alla tecnologia e alla creatività, potresti chiederti quali opportunità di carriera potrebbe offrire l'IA generativa. Ecco alcuni pensieri su questo tema.

Ricerca e sviluppo:

Uno dei settori più promettenti per la carriera nell'IA generativa è la ricerca e lo sviluppo. Questo potrebbe includere la progettazione e l'addestramento di nuovi modelli di IA, la sperimentazione di nuove tecniche o l'indagine su questioni come l'etica o la sostenibilità dell'IA generativa. Per entrare in questo campo, avrai bisogno di una solida formazione in informatica, matematica e possibilmente anche in aree correlate come la psicologia o l'etica. Tuttavia, è un settore eccitante e in continua evoluzione, con molte opportunità di scoprire e creare cose nuove.

Creazione di contenuti:

Un'altra possibilità è utilizzare l'IA generativa per creare contenuti. Questo potrebbe includere la creazione di arte, musica, storie, giochi o altri media utilizzando l'IA. Puoi anche lavorare con aziende o organizzazioni che utilizzano l'IA generativa per creare contenuti personalizzati o interattivi. Per entrare in questo campo, avrai bisogno di una combinazione di competenze tecniche e creative, e potrebbe essere utile avere esperienza o formazione in un'area di contenuti specifica, come l'arte o la scrittura.

Educazione e divulgazione:

Se ami insegnare o comunicare, potresti considerare una carriera nell'educazione o nella divulgazione dell'IA generativa. Questo potrebbe includere l'insegnamento di corsi su IA, la scrittura di libri o articoli, la conduzione di laboratori o workshop, o il lavoro con il pubblico o con le scuole per aumentare la consapevolezza e la comprensione dell'IA. Per entrare in questo campo, avrai bisogno di una buona comprensione dell'IA e di ottime capacità comunicative.

Politica e regolamentazione:

Infine, c'è un crescente bisogno di esperti in politica e regolamentazione dell'IA. Questo potrebbe includere il lavoro su questioni come la privacy, i diritti d'autore, il bias, la sicurezza o l'equità nell'IA. Potrebbe anche includere il lavoro con governi, organizzazioni non governative, o aziende per sviluppare politiche o linee guida sull'IA. Per entrare in questo campo, potrebbe essere utile avere una formazione in diritto, politica, etica, o un campo correlato, oltre alla conoscenza dell'IA.

Conclusione:

Arrivati al termine di questo viaggio nell'Intelligenza Artificiale generativa, è evidente come questa disciplina offra una miriade di opportunità di carriera emozionanti, stimolanti e gratificanti. Sia che tu ti appassioni di arte o di scienze, di musica o di matematica, c'è un angolo di questo vasto universo che aspetta solo di essere esplorato da te. Forse sarai tu a sviluppare il prossimo algoritmo rivoluzionario che cambierà il modo in cui creiamo la musica. O forse sarai tu a progettare un'applicazione di IA generativa che aiuterà le persone a esprimersi artisticamente in modi mai visti prima.

E non importa quali siano le tue competenze attuali: nel campo dell'IA generativa, c'è spazio per tutti. Se ami l'arte, potresti esplorare come le reti neurali possono generare opere d'arte stupefacenti. Se sei appassionato di scrittura, potresti studiare come l'IA può creare nuovi modi di raccontare storie. Se ti affascinasse la tecnologia, potresti concentrarti su come costruire gli algoritmi che alimentano queste impressionanti capacità generative.

Ma forse la cosa più eccitante dell'IA generativa è che si tratta di un campo in continua evoluzione. Non è ancora scritta la storia completa dell'IA generativa. Il futuro dell'IA generativa è un libro aperto, e tu potresti essere la persona che scriverà il prossimo capitolo.

Potresti essere tu a scoprire un nuovo approccio alla generazione di immagini o alla composizione musicale. Potresti essere tu a guidare il dibattito etico su come dovrebbe essere utilizzata l'IA generativa. O potresti essere tu a inventare un modo completamente nuovo di utilizzare l'IA generativa che nessuno ha ancora immaginato.

Quindi, mentre chiudiamo queste pagine, ricorda: l'IA generativa non è solo qualcosa da studiare. È un campo in cui puoi fare la differenza. È un luogo in cui puoi lasciare il tuo segno. Quindi, non importa da dove vieni o cosa sai fare, tieni aperta la mente, continua a imparare e, soprattutto, non smettere mai di sognare. Perché, come abbiamo visto, nell'IA generativa, i sogni possono davvero diventare realtà.

Printed in Great Britain
by Amazon

30797614R00056